Isabelle Bona

Chez
Maud et Pierre

Illustrations de l'auteur

l'école des loisirs

11, rue de Sèvres, Paris 6ᵉ

Du même auteur à *l'école des loisirs*

Collection MOUCHE

Le loup qui mangeait les bêtises
Sibelle et Timothée
L'affaire du clown masqué
La soupe aux fraises
Messire Dimitri

D'autres aventures de Maud et Pierre :
Maud et Pierre
Le grand-père de Maud et Pierre

Lettrage de Jean-Yves Duhoo

ISBN 978-2-211-22023-1

Pour Aïlis, Zora, Arthur et Gaspard

Bert

Slurp

Chez Maud et Pierre

Bert

Ce matin, Maud et Pierre ne sont d'accord sur rien.

– Prête-moi ton vélo, Pierre.

– NON.

– C'est ce qu'on va voir !

15

– Pas le temps de chercher une pomme !
Pin-pon, pin-pon, c'est une
urgence !

– On est
arrivés.
Vite !

- On va le tordre.

- Non, on va l'aplatir dans l'autre sens.

- Puisque je te dis qu'il faut le tordre !

- Et moi, je suis sûre qu'il faut l'aplatir !

Slurp

– Sapristi, regarde, Maud !
Il y a quelque chose
qui bouge là-bas,
derrière l'arbre !

– Un chien !

– Le pauvre,
il est attaché !

– Détachons-le.

– Il a l'air gentil. Enlevons-lui
sa muselière.

- Il n'y a personne, Maud.

- Ce petit chien est abandonné, Pierre.

- Qu'est-ce qu'on va faire de lui ?

- On ne peut pas le laisser tout seul !

- Dressons-le !

- Ouais !

_Il est déjà dressé,
Maud!

_Et s'il
devenait notre
chien de garde ?

_Bonne idée, ça,
un chien de garde!

_Slurp!

– Donnons-lui un nom.

– Rex, c'est parfait pour un chien de garde.

– Slurp !

– Maintenant, il faut lui apprendre.

– Allez, Rex, aboie !

- Ce n'est pas gagné !

- Slurp !

- Attends, je vais demander de l'aide à la grenouille.

– Plaît-il ?

– Regarde, Rex,
la vilaine grenouille,
elle veut nous manger !
Attaque, Rex !

– Mais,
enfin ?!

– Excusez-nous, madame, mais on
apprend à Rex à devenir notre
chien de garde.

- Ce ne sont pas des manières !

- Slurp !

- Rex refuse d'attaquer, Maud. Ce doit être parce que ce batracien est trop petit.

- Trop petit, trop petit ! Dites donc, vous !

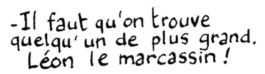

-Il faut qu'on trouve
quelqu'un de plus grand.
Léon le marcassin !

-Léon, tu veux bien
nous attaquer ?

- Euh, oui,
si vous voulez !

– Il est mignon,
ce chien.

– slurp.

– Ce chien est peut-être mignon
mais il ne fait rien comme il faut !

– Ce n'est pas bien,
Rex, tu devais
attaquer Léon, il
nous menaçait.

– Tu es puni !

– Au coin !

– Dites, les gars,
vous êtes sûrs que
c'est un chien de garde ?

- Et puis pourquoi vous voulez absolument un chien de garde ?

- C'est vrai, ça, Maud, pourquoi on veut absolument un chien de garde ?

40

- Regardez, il
est tout triste.

- Rex ?

Chez Maud et Pierre

Aujourd'hui, tout le monde chewingue.

- J'ai une idée, Pierre,
on va ouvrir un salon
de coiffure !

- Comme ça, on sera
riches et on aura
plein de chewing-gums

- Lançons une mode !

_ LA MODE DE
LA COUPE AU BOL !

Le salon de coiffure a beaucoup de succès.

– Ah, ah, ah, vous
vous êtes vus ?

- Regardez -
Vous dans
la glace.

- HEIN ?!

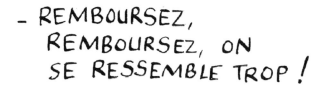

— REMBOURSEZ,
REMBOURSEZ, ON
SE RESSEMBLE TROP !

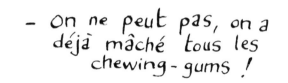

— On ne peut pas, on a
déjà mâché tous les
chewing-gums !

- Tout le
  monde
  est content ?